Holland

kook ook
Holland

INMERC

www.inmerc.nl

Inhoud

Sauzen: de klassiekers

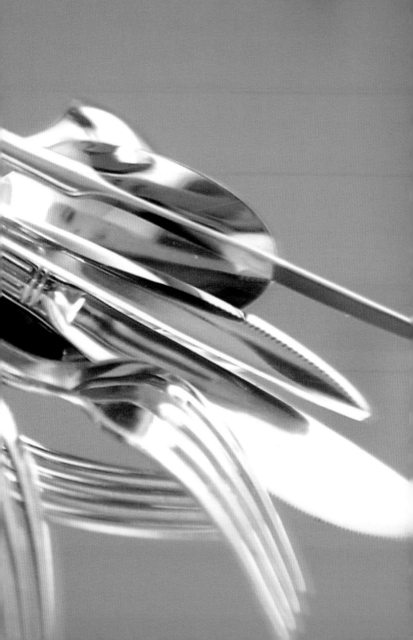

Kaassaus (voor groenten)

25 g boter
25 g bloem
¹/₄ liter melk
75-100 g geraspte belegen kaas
zout en (versgemalen) peper
nootmuskaat (eventueel)

● Verhit de boter in een steelpan en roer de bloem erdoor. Laat deze roux ca. 2-3 minuten op een laag vuur pruttelen; roer regelmatig en zorg ervoor dat het mengsel niet kleurt.

● Schenk scheutje voor scheutje de melk erbij en blijf roeren tot het mengsel kookt en glad gebonden is. Voeg de kaas toe en laat deze al roerend in de saus smelten.

● Breng de saus op smaak met zout, peper en eventueel nootmuskaat.

Garnalensaus (voor vis)

25 g boter	● Verhit de boter in een steelpan en roer de bloem erdoor. Laat deze roux ca. 2-3 minuten op een laag vuur prutelen; roer regelmatig en zorg ervoor dat het mengsel niet kleurt.
25 g bloem	
1/4 liter visbouillon	
zout en (versgemalen) peper	
2-3 el slagroom	
75 g Hollandse garnalen	

● Schenk scheutje voor scheutje de bouillon erbij en blijf roeren tot het mengsel kookt en glad gebonden is.

● Laat de saus nog 1-2 minuten zachtjes koken en breng hem op smaak met zout en peper. Roer de slagroom erdoor en laat de garnalen in de saus warm worden.

Sinaasappel-tijmsaus (voor kip en ander gevogelte) afbeelding blz. 8

15 g boter	● Verhit de boter en fruit het sjalotje. Roer de tijm, fond, bouillon en het sinaasappelsap erdoor en laat de saus een paar minuten tot ca. de helft inkoken.
1 sjalotje, gesnipperd	
2 el verse of 2 tl gedroogde tijm	
1 dl gevogeltefond (pot)	
1 dl kruidenbouillon	
2 dl sinaasappelsap	
125 ml crème fraîche	
zout en (versgemalen) peper	

● Roer de crème fraîche erdoor en laat de saus eventueel nog iets inkoken.

● Breng de saus op smaak met zout en peper.

Champignonroomsaus (voor wit vlees)

35 g boter	● Verhit de boter en fruit de ui en cham-
(of bakvet van het vlees)	pignons ca. 5 minuten. Schenk het water
1 kleine ui, gesnipperd	erbij en schraap eventuele aanbaksels van
150 g champignons	de bodem los. Roer de slagroom erdoor
1 dl water	en laat de saus zachtjes inkoken. Bind de
125 ml slagroom	saus met allesbinder en voeg naar smaak
2 tl allesbinder	peper en zout toe. Strooi de peterselie
zout en (versgemalen) peper	erover.
1 el fijngesneden peterselie	

Rode-wijnsaus (voor rood vlees)

30 g boter (of bakvet van het vlees)	● Verhit de boter in een steelpan en fruit de sjalotjes. Schraap eventuele aanbaksels van de bodem los.
2 sjalotjes, fijngehakt	
25 g bloem	● Roer de bloem erdoor, schenk er al
$2^1/_2$ dl vleesbouillon	roerende de bouillon bij en laat het
1 dl rode wijn	geheel een paar minuten inkoken.
$^1/_2$ tl suiker	
zout en (versgemalen) peper	● Schenk de wijn erbij en breng de saus op smaak met suiker, zout en peper.

Ontbijt, brunch en lunch

Kaaspoffertjes met kruidenboter

voor 4 personen | bereiding: ca. 25 min

125 g zachte boter
1 tl fijngesneden peterselie
1 tl fijngesneden kervel
1 tl fijngesneden bieslook
1 el citroensap
1 pak poffertjesmix
100 g geraspte belegen kaas
(versgemalen) peper
40 g gesmolten boter

● Meng de zachte boter, kruiden en het citroensap in een kom.

● Maak het poffertjesbeslag volgens de aanwijzingen op de verpakking en voeg de kaas en peper naar smaak toe.

● Bestrijk de holletjes van een poffertjes-pan met een kwastje met de gesmolten boter. Vul de holletjes voor de helft met beslag en bak de poffertjes snel aan beide kanten goudbruin en gaar. Serveer de poffertjes met een klontje kruidenboter.

Lekker met gehalveerde kerstomaatjes.

Brabantse worstenbroodjes

8 stuks | bereiding: ca. 30 min | wachten: 25 min | oven: 20 min

¹/₂ pak mix voor witbrood

50 g zachte boter

zout en (versgemalen) peper

1 ei

200 g half-om-half gehakt

2 el paneermeel

2 knoflookteentjes, fijngehakt

2 el fijngesneden tuinkruiden
(tijm, peterselie, oregano)

bloem

maanzaad

● Meng de broodmix met de boter, 1¹/₂ dl handwarm water en wat zout in een kom. Kneed er een soepel deeg van, dek de kom af met een theedoek en laat het deeg 25 minuten rijzen op een warme plek.

● Klop het ei los in een kommetje en houd 2 eetlepels apart. Meng in een kom het gehakt met het ei, paneermeel, de knoflook, kruiden en zout en peper.

● Verwarm de oven voor op 200 °C. Strooi wat bloem op een bord. Vorm van het gehakt 8 worstjes van ca. 10 cm en wentel ze door de bloem.

● Rol het deeg uit op een met bloem bestoven werkvlak tot een rechthoek en snijd hieruit 8 plakken van 10 x 15 cm. Bestrijk de randen van de deegplakjes met water, verpak elk worstje in een plakje deeg en druk de naden goed aan.

● Bestrijk de worstenbroodjes met de rest van het ei en bestrooi ze met het maanzaad. Leg ze op een met bakpapier beklede bakplaat en bak ze in de oven in 20 minuten goudbruin en gaar.

Wentelteefjes met citroen

voor 4 personen | bereiding: ca. 15 min

1 ei

geraspte schil van 1 citroen

of 2 tl kaneel

1¹/₂ dl melk

4 sneetjes oud witbrood zonder

korstjes

30 g boter

2 el bruine basterdsuiker

● Klop het ei los in een diep bord en roer de citroenrasp (of kaneel) en melk erdoor.

● Wentel de sneetjes brood door het eimengsel, leg ze op elkaar in het bord en draai ze af en toe om, zodat al het vocht in het brood trekt.

● Verhit de boter in een grote koekenpan en bak het brood op matig vuur aan beide kanten goudbruin. Strooi de suiker erover.

Drie-in-de-pan met sinaasappel en kaneelsuiker

voor 4 personen | bereiding: ca. 25 min

200 g zelfrijzend bakmeel	● Zeef het bakmeel met wat zout boven een kom. Voeg het ei en de helft van de melk toe en meng alles tot een glad beslag. Verdun dat al roerend met de rest van de melk. Roer de sinaasappelrasp en het -sap erdoor.
zout	
1 ei	
2 dl melk	
sap en geraspte schil van 1 sinaasappel	
2 tl kaneel	● Meng de kaneel en suiker in een kommetje.
100 g suiker	
30 g boter	

● Verhit een klontje boter in een koekenpan en schep er 3 keer flinke lepels beslag in. Bak de pannenkoekjes op matig vuur lichtbruin, keer ze en bak de andere kant bruin. Herhaal dit met de rest van de boter en het beslag. Houd de pannenkoekjes warm.

● Serveer de pannenkoekjes met de kaneelsuiker.

Lekker met sinaasappeljam.

Gevulde tomaten met eiersalade

voor 4 personen | bereiding: ca. 20 min

3 el melk	● Doe de melk en ansjovis in een kom-
4 ansjovisfilets (blikje), uitgelekt	metje en laat de visjes 10 minuten staan.
4 middelgrote tomaten	
4 eieren, hardgekookt	● Maak de tomaten schoon, snijd de
1 dl crème fraîche	kapjes eraf en hol ze voorzichtig uit met
$^1/_2$ dl mayonaise	een lepel of mesje. Laat ze ondersteboven
(versgemalen) peper	op keukenpapier uitlekken.
2 el fijngesneden bieslook	
1 el kappertjes (uitgelekt) of	● Neem de ansjovisfilets uit de melk en
zwarte kaviaar	dep ze droog met keukenpapier. Pel de

eieren en snijd ze samen met de ansjovis
klein. Meng ze in een kom met de crème
fraîche, mayonaise, peper en het bieslook.

● Zet de tomaten op een schaal, vul ze
met de eiersalade en garneer ze met de
kappertjes of kaviaar.

Lekker met warm geroosterd brood.

Salade van de huzaren

voor 4 personen | bereiding: ca. 20 min

150 g gaar rundvlees	● Snijd het vlees, de aardappelen, bietjes, paprika en appel in kleine blokjes. Meng alles in een grote kom met de azijn en crème fraîche.
150 g gekookte aardappelen	
125 g gare rode bietjes	
1/2 rode paprika	
1/2 rode appel	
1 el witte-wijnazijn	● Pel de eieren en snijd ze fijn. Meng de augurkjes, eieren en kruiden door de salade en voeg zout en peper naar smaak toe.
125 ml crème fraîche	
2 eieren, hardgekookt	
4 kleine augurkjes, fijngesneden	
1 el fijngesneden peterselie	
1 el fijngesneden dille	● Maak de slabladeren schoon en dep ze droog. Serveer de salade op een bedje van sla.
zout en (versgemalen) peper	
4 slabladeren	

Uitsmijter met rauwe ham en mosterdkaas

voor **4** personen | bereiding: ca. **10** min

25 g boter + boter om te smeren

4 eieren

4 plakjes mosterdkaas

zout en (versgemalen) peper

2 tomaten

4 sneetjes boerenvolkorenbrood

100 g rauwe ham in plakjes

4 augurken in waaiers

1 el fijngesneden peterselie

● Smelt de boter in een ruime koekenpan. Breek de eieren erboven (houd de dooiers heel) en bak ze enkele minuten op laag vuur. Snijd elk plakje kaas in 4 repen.

● Verdeel rondom elke eierdooier 4 repen kaas en bestrooi het geheel met zout en peper. Laat de eieren met een deksel op de pan in enkele minuten gaar worden en de kaas smelten.

● Maak de tomaten schoon en snijd ze in parten.

● Rooster de sneetjes brood en besmeer ze met boter. Verdeel de ham over het brood en schep de eieren erop. Garneer de uitsmijter met de augurk, tomaat en peterselie.

Stevige boerenomelet met tuinkruiden

voor 4 personen | bereiding: ca. 25 min

2 vastkokende aardappelen
zout en (versgemalen) peper
100 g champignons
100 g gerookte spekblokjes
100 g doperwtjes (diepvries)
1 el fijngesneden peterselie
1 el fijngesneden bieslook
6 eieren
1 dl melk

● Schil de aardappelen en snijd ze in blokjes. Kook ze 10 minuten in ruim water met wat zout. Borstel de champignons schoon en snijd ze in plakjes.

● Bak het spek uit in een grote koekenpan en schep het op een bord. Bak de aardappelblokjes 5 minuten in het bakvet. Bak de champignons, spekjes, erwtjes en kruiden even mee.

● Klop in een kom de eieren los met de melk en voeg zout en peper naar smaak toe. Schenk het eimengsel bij de aardappel en groenten. Bak het op laag vuur tot een dikke omelet. Licht met een vork af en toe de zijkanten van de omelet op, zodat het nog niet gestolde ei naar de bodem vloeit en ook stolt.

● Snijd de omelet in 4 punten en verdeel die over de borden.

Lekker met dikke sneden boerenbrood en tomatensaus.

Bij thee en koffie

Gevulde boterkoek met abrikozen

ca. 10 punten | bereiding: ca. 15 min | oven: 15-20 min

250 g bloem + extra

175 g witte basterdsuiker

zout

225 g koude boter + boter om in
te vetten

100 g gedroogde gewelde
abrikozen

50 g geschaafde amandelen

2 el gembersiroop

1 el melk

● Verwarm de oven voor op 200 °C.
Meng de bloem, suiker en wat zout in een
kom. Snijd de boter in stukken, schep ze
door het bloemmengsel en snijd ze met
twee messen klein. Kneed alles met een
koele hand tot een samenhangende deegbal (kan ook in de keukenmachine).

● Snijd de abrikozen fijn en meng ze in
een kom met de amandelen en gembersiroop.

● Vet een boterkoekvorm in met boter,
druk de helft van het deeg erin uit en
verdeel het abrikozenmengsel erover.
Rol de rest van het deeg uit op een met
bloem bestoven werkvlak tot een lap ter
grootte van de vorm en leg deze op de
vulling. Druk de randen goed aan.

● Trek met de botte kant van een mes
een ruitpatroon in het deeg en bestrijk
het met de melk. Bak de boterkoek in de
oven in 15-20 minuten goudbruin en
gaar.

● Neem de boterkoek uit de oven, laat
hem in de vorm afkoelen en snijd hem
vlak voor het serveren in puntjes.

Hollandse appeltaart

ca. 10 punten | bereiding: ca. 30 min | oven: 45 min

300 g bloem + extra	● Meng in een kom de bloem, basterd-
125 g witte basterdsuiker	suiker en wat zout. Snijd de boter in
zout	stukken, schep ze door het bloemmengsel
200 g koude boter + boter om in	en snijd ze met twee messen klein. Voeg
te vetten	de eidooier toe en kneed alles met koele
1 eidooier	hand tot een samenhangende deegbal. Vet
100 g rozijnen	een springvorm (24 cm) in met boter en
1 dl sinaasappelsap	druk 2/3 van het deeg erin uit. Zet vorm en
1 kg stevige appels (elstar,	resterend deeg tot gebruik in de koelkast.
jonagold, geschild en in stukjes)	
2 el custardpoeder	● Verwarm de oven voor op 175 °C.
2 tl kaneel	Breng in een steelpan de rozijnen met
2 el suiker	het sinaasappelsap aan de kook, laat ze
3 el abrikozenjam	ca. 5 minuten pruttelen en het vocht
	verdampen.

● Meng de appel met de rozijnen, custard, kaneel en suiker, en verdeel de vulling over de taartbodem. Rol de rest van het deeg uit, snijd het in repen van ca. 1 cm breed en leg die in een ruitpatroon over de vulling (druk ze aan de rand vast).

● Schuif de taart één richel onder het midden in de oven en bak hem in 45 minuten goudbruin. Neem hem uit de oven en bestrijk hem direct met de jam. Laat de taart 10 minuten in de vorm afkoelen. Verwijder de vorm en zet de appeltaart op een schaal.

Speculaasbrokken

5 stuks | bereiding: ca. 45 min | wachten: 2 uur tot 1 dag | oven: 30 min

200 g zelfrijzend bakmeel
125 g bruine basterdsuiker
2 el speculaaskruiden
zout
150 g koude boter
1 el melk
bloem

● Schep in een kom het bakmeel, de suiker, speculaaskruiden en wat zout door elkaar. Snijd de boter in stukken, schep ze door het meelmengsel en snijd ze met twee messen klein. Voeg de melk toe en kneed het geheel met koele hand snel tot een samenhangende bal.

● Verpak het deeg in plasticfolie en laat het minimaal 2 uur, maar liefst een dag, op een koele plaats rusten en op smaak komen.

● Verwarm de oven voor op 175 °C.

● Rol het deeg op een met bloem bestoven werkvlak uit tot een rechthoekige lap van ca. 1 cm dik. Leg het deeg op een met bakpapier beklede bakplaat en bak de speculaas in de oven in ca. 30 minuten gaar.

● Laat de speculaas op een taartrooster afkoelen en breek hem in brokken.

Borrelhapjes en snacks

Paling met bieslookboter

12 stuks | bereiding: ca. 10 min

1 citroen	● Halveer de citroen. Snijd van de ene
50 g zachte boter	helft 3 mooie plakjes en snijd deze elk in
2 el fijngesneden bieslook	vieren. Rasp de schil van de andere helft.
zout en (versgemalen) peper	Meng de rasp, boter, het bieslook, enkele
3 sneetjes wit casinobrood	druppels citroensap en zout en peper
100 g gerookte paling,	naar smaak in een kom.
op kamertemperatuur	

● Rooster het brood en snijd elk sneetje in 4 puntjes. Snijd de paling in 12 gelijke stukjes.

● Bestrijk de toastjes met de bieslookboter en leg er een stukje paling op. Garneer de hapjes met een stukje citroen en serveer de toastjes op een schaal.

Haring in mosterdcrème

12 stuks | bereiding: ca. 10 min

125 ml crème fraîche	● Schep in een kom de crème fraîche,
1 tl zachte mosterd	mosterd en de helft van de lente-ui door
2 lente-uitjes, in ringetjes	elkaar. Schep de haring erdoor en voeg
2 maatjesharingen,	zout en peper naar smaak toe.
in smalle reepjes	
zout en (versgemalen) peper	● Schep de haring in mosterdcrème op
12 toastjes of kleine ronde	de toastjes of de roggebroodjes en strooi
roggebroodjes	de ui en de rest van de lente-ui erover.
1/2 rode ui, heel fijn gesnipperd	

Kaasbroodjes

4 stuks | bereiding: ca. 25 min | oven: 20 min

40 g boter

¹/₂ tl kerriepoeder

25 g bloem

2 dl melk

100 g geraspte belegen kaas

1 tomaat, ontveld, vocht en zaad
verwijderd en in blokjes

2 lente-uitjes, in dunne ringetjes

8 plakjes roomboterbladerdeeg
(diepvries), ontdooid

25 g geraspte oude kaas en/of
Parmezaanse kaas

2 el sesamzaadjes

● Verwarm de oven voor op 200 °C. Smelt 25 gram boter in een pan en fruit de kerrie even. Roer de bloem erdoor en voeg al roerende de melk toe. Blijf roeren tot er een dikke saus ontstaat en laat die 5 minuten pruttelen. Neem de pan van het vuur en roer de belegen kaas erdoor. Laat de saus afkoelen.

● Schep de uitgelekte tomaatblokjes en lente-ui door de kaassaus. Halveer de plakjes bladerdeeg en snijd de helft van de plakjes over de breedte elke centimeter in. Schep het kaasmengsel op de niet ingesneden plakjes deeg; houd 1 cm van de rand rondom vrij. Smelt de rest van de boter en bestrijk de randen van het deeg ermee. Leg de ingesneden deegplakjes erop en druk de randen goed aan.

● Leg de broodjes op een met bakpapier beklede bakplaat en bestrijk ze met gesmolten boter. Strooi de kaas en/of het sesamzaad erover.

● Bak de kaasbroodjes in de oven in ca. 20 minuten goudbruin en gaar.

Bitterballen

24 stuks | bereiding: ca. 1^1/$_2$ uur | wachten: 2 uur

200 g runder- of kalfspoelet
1 kruidenbuiltje voor vleesbouillon
4 dl vleesbouillon (van 1 tablet)
30 g boter
30 g bloem
zout en (versgemalen) peper
nootmuskaat
frituurolie
2 eieren
100 g paneermeel

● Breng in een pan het vlees met het kruidenbuiltje en de bouillon langzaam aan de kook en laat het in 1 uur op laag vuur gaar worden. Zeef de bouillon boven een maatbeker en meet 2 dl af. Snijd het vlees heel fijn.

● Smelt de boter in een pan en roer de bloem erdoor. Voeg al roerende de bouillon toe en blijf roeren tot er een gladde, dikke saus ontstaat. Laat die 2 minuten zachtjes doorkoken, schep het vlees erdoor en voeg zout, peper en nootmuskaat naar smaak toe. Schep de ragout op een plat bord, laat hem afkoelen en 2 uur in de koelkast opstijven.

● Verhit ruim olie in een frituurpan tot 180 °C. Klop in een diep bord de eieren los met 1 eetlepel water. Strooi het paneermeel op een bord. Vorm van de ragout 24 ballen en wentel ze door het paneermeel, dan door het ei en nog eens door het paneermeel.

● Frituur de bitterballen met 6 tegelijk in 3-4 minuten knapperig bruin. Laat ze op keukenpapier uitlekken en leg ze op een schaal.

Zebra's

16 stuks | bereiding: ca. 10 min | wachten: 1 uur

100 g zachte boter
200 g verse roomkaas
100 g gerookte zalm,
kleingesneden
1 el fijngesneden dille
zout en (versgemalen) peper
8 sneetjes Fries of Brabants
roggebrood

● Klop in een kom de boter en roomkaas met de handmixer luchtig. Spatel zalm en dille erdoor en voeg zout en peper naar smaak toe.

● Bestrijk 6 sneetjes roggebrood royaal met het mengsel. Leg twee keer drie sneetjes besmeerd roggebrood op elkaar en dek ze af met de onbesmeerde snee- tjes. Druk de stapeltjes iets aan, verpak ze in plasticfolie en laat ze in de koelkast in 1 uur stevig worden.

● Neem de stapeltjes uit de koelkast en snijd ze elk met een glad, scherp mes in 8 blokjes. Serveer de zebra's op een schaal.

Soepen

Bloemkoolsoep met kaassoesjes

voor 4 personen | bereiding: ca. 40 min | oven: 5 min

50 g boter

1 grote aardappel, geschild en in blokjes

1 ui, gesnipperd

1 liter groentebouillon

500 g bloemkoolroosjes

$1/2$ dl melk

30 g bloem

1 ei, losgeklopt

2 el geraspte oude kaas

1 dl slagroom

snufje nootmuskaat

zout en (versgemalen) peper

2 el fijngesneden peterselie

● Verhit de helft van de boter in een soeppan en fruit de ui en aardappel 3 minuten. Voeg de bouillon en bloemkool toe (houd wat roosjes apart voor de garnering) en laat het geheel 10-15 minuten pruttelen.

● Verwarm de oven voor op 220 °C. Verwarm de melk met de rest van de boter in een steelpan en voeg, als de boter gesmolten is, de bloem in één keer toe. Roer door tot er een deegbal ontstaat die van de pan loslaat. Laat het deeg iets afkoelen en roer het ei en de kaas erdoor.

● Schep het deeg over in een spuitzak met een kleine, gladde mond en spuit op een met bakpapier beklede bakplaat kleine druppels op ca. 3 cm van elkaar. Bak de kaassoesjes 5-6 minuten in de oven tot ze goudgeel en mooi gerezen zijn.

● Pureer de soep, roer de room erdoor en breng hem op smaak met nootmuskaat, zout en peper.

● Schep de soep in voorverwarmde diepe borden of kommen en verdeel de kaassoesjes erover. Garneer de soep met de bloemkoolroosjes en peterselie.

Erwtensoep

voor 4-6 personen | bereiding: ca. 2 uur

400 g spliterwten

$^1/_2$ knolselderij, in blokjes

1 kleine winterwortel, in blokjes

400 g schouderkarbonades

100 g gerookte spekblokjes

200 g gesneden prei

250 g rookworst

$^1/_2$ bos bladselderij, fijngesneden

$^1/_2$ bos peterselie, fijngesneden

zout en (versgemalen) peper

● Was de erwten. Breng 1$^1/_2$ liter water met de erwten, knolselderij, wortel, karbonades en spekblokjes aan de kook en laat het geheel 1$^1/_2$ uur zachtjes koken. Voeg de laatste 15 minuten de prei toe.

● Snijd de rookworst in plakjes. Schep de karbonades uit de pan en snijd het vlees van de botjes.

● Doe het vlees terug in de pan. Voeg de kruiden, rookworst en zout en peper naar smaak toe en laat de soep nog 10 minuten zachtjes koken. Roer de soep enkele malen goed door.

Lekker met roggebrood besmeerd met grove mosterd en belegd met katenspek.

Goed gevulde kippensoep

voor 6-8 personen | bereiding: ca. 2 uur | wachten: 2-3 uur

1 soepkip	
1 ui, in parten	
200 g gesneden prei	
1 flinke wortel, in plakjes	
2 stengels bleekselderij, in smalle boogjes	
4 witte peperkorrels	
stukje foelie	
1 bouquet garni (2 takjes tijm, 2 takjes peterselie, 1 laurierblaadje)	
zout en (versgemalen) peper	
1 rode paprika, in smalle reepjes	
4 lente-uitjes, in ringetjes	
50 g vermicelli	
100 g maïskorrels (blikje), uitgelekt	
1 el fijngesneden bladselderij	

● Leg de kip in een grote soeppan en schenk er 1^1/$_2$ liter koud water bij. Breng het water aan de kook en verwijder met een schuimspaan het bovendrijvende schuim.

● Doe de ui, prei, wortel, bleekselderij, peperkorrels, foelie en het bouquet bij de kip en laat het geheel 1^1/$_2$ uur tegen de kook aan trekken.

● Neem de kip uit de bouillon en verwijder de botten. Snijd het vlees klein. Zeef de bouillon door een fijne zeef boven een schone pan en breng hem op smaak met zout en peper. Laat de bouillon in 2-3 uur geheel afkoelen en schep het gestolde vet eraf.

● Verwarm de bouillon en voeg de kip, paprika, lente-ui en vermicelli toe. Laat de soep 3 minuten op laag vuur doorwarmen en roer de maïs en bladselderij erdoor. Breng de soep eventueel extra op smaak met zout en peper.

Lekker met in reepjes gesneden flensjes.

Bruinebonensoep

voor 4 personen | bereiding: ca. 1³/4 uur | wachten: 12 uur

350 g bruine bonen

zout en (versgemalen) peper

2 grote aardappelen

2 laurierblaadjes

6 peperkorrels

3 kruidnagels

50 g boter

3 uien, gesnipperd

¹/2 el kerriepoeder

3 el fijngesneden peterselie

2 el worcestersaus

● Week de bonen 12 uur in 1¹/2 liter water met wat zout.

● Schil de aardappelen en snijd ze in blokjes. Breng de bonen met het week-water, de laurier, peperkorrels en kruid-nagels aan de kook en laat het geheel 1-1¹/2 uur op laag vuur pruttelen. Voeg het laatste halfuur de aardappelblokjes toe.

● Verhit de boter in een koekenpan, fruit de uien en bak de kerrie enkele minuten mee.

● Verwijder de specerijen uit de soep en pureer hem met een staafmixer. Roer de uien erdoor en laat de soep op laag vuur nog 10 minuten pruttelen tot hij mooi gebonden is. Voeg de peterselie toe en breng de soep op smaak met worcester-saus, zout en peper.

Koninginnesoep met zalm

voor **4** personen | bereiding: ca. 25 min

1 liter kippenbouillon

30 g boter

30 g bloem

(versgemalen) peper

nootmuskaat

enkele druppels citroensap

1 eidooier

1 dl slagroom

150 g gerookte zalm, in stukjes

2 el fijngesneden dille

● Verwarm de bouillon in een pan. Smelt de boter in een soeppan en roer de bloem erdoor. Giet al roerende de bouillon erbij en laat de soep 10 minuten op laag vuur koken.

● Breng de soep op smaak met peper, nootmuskaat en citroensap.

● Roer de eidooier los met de room en roer er 5 eetlepels soep door. Neem de pan van het vuur en roer het eimengsel door de soep.

● Serveer de soep in borden of kommen en verdeel de zalm en dille erover.

Tomatencrèmesoep

voor 4 personen | bereiding: ca. 30 min

1 kg tomaten

1/2 liter kalfsbouillon (pot)

2 uien, gesnipperd

2 knoflookteentjes, fijngehakt

2 el fijngesneden tijm

125 ml crème fraîche

zout en (versgemalen) peper

1 el fijngesneden verse
tuinkruiden

● Maak de tomaten schoon en halveer ze. Breng in een soeppan de bouillon met de tomaten, ui, knoflook en tijm aan de kook en laat de tomaten in 20 minuten gaar worden.

● Pureer de soep in een blender of met een staafmixer en roer de crème fraîche erdoor. Breng de soep op smaak met zout, peper en de tuinkruiden.

Lekker met knapperige kaasstengels.

Aspergesoep met beenham en eimimosa

voor 4 personen | bereiding: ca. 45 min

300 g witte asperges

³/4 liter lichte groentebouillon (pot)

1 tl suiker

30 g boter

30 g bloem

1 dl slagroom

snufje gemalen foelie

zout en (versgemalen) peper

200 g beenham

3 eieren, hardgekookt

1 el fijngesneden peterselie

● Schil de asperges met een dunschiller (begin vlak onder het kopje) en snijd het houtige uiteinde eraf (ca. 1¹/2 cm). Snijd de kopjes (ca. 3 cm) eraf en kook ze in een scheutje bouillon in 10 minuten gaar. Laat ze uitlekken.

● Breng alle bouillon met de suiker in een pan aan de kook. Snijd de rest van de asperges in stukjes van ca. 3 cm en kook ze in de bouillon in 15-20 minuten gaar. Pureer de soep in een blender of met een staafmixer.

● Smelt de boter in een soeppan en roer de bloem erdoor. Laat het mengsel op laag vuur 2 minuten pruttelen en roer de soep en room erdoor. Kook de soep 3 minuten op laag vuur en breng hem op smaak met foelie, zout en peper.

● Snijd de ham in smalle reepjes. Pel de eieren en druk ze door een zeef. Verdeel de ham en aspergekopjes over de borden. Schep de soep erover en garneer het gerecht met de eimimosa en peterselie.

Stamppotten en
andere eenpansgerechten

Hutspot met klapstuk

voor 4 personen | bereiding: ca. $^1/_2$ uur | stoven: 2 uur

400 g doorregen runderlappen
75 g boter
4 uien, 2 gesnipperd en
2 in ringen
2 laurierblaadjes
1 tl dillezaadjes of 1 el verse dille
zout en (versgemalen) peper
750 g aardappelen, geschild
en in stukken
750 g winterpeen, in plakjes

● Snijd het vlees in dobbelstenen.
Verhit de boter in een grote braadpan
en bak het vlees op hoog vuur snel
rondom bruin. Bak de gesnipperde uien
even mee. Voeg een scheutje water, de
laurier, dille, zout en peper toe en laat het
geheel 2 uur op laag vuur gaar stoven.

● Kook de aardappelen, wortelen en
uiringen in weinig water met zout in
25 minuten gaar.

● Giet de aardappelen en groenten af en
stamp ze fijn.

● Meng het stoofvlees en een deel van
de jus met de puree tot een smeuïge
stamppot. Breng de hutspot op smaak
met zout en peper en geef de rest van
de jus er apart bij.

Hete bliksem

voor 4 personen | bereiding: ca. 40 min

500 g zoete appels (elstar)

500 g zure appels (goudrenet)

1 kg aardappelen, geschild

en in stukken

300 g rookspek

25 g boter

300 g half-om-half gehakt

zout en (versgemalen) peper

$^1/_2$ dl melk

mespunt gemalen kruidnagel

mespunt kaneel

● Schil de appels, verwijder het klokhuis en snijd ze in stukken. Doe de aardappelen in een grote pan en voeg zoveel water toe dat ze net onderstaan. Verdeel de appels over de aardappelen en leg het spek erop. Laat het geheel met het deksel schuin op de pan in 25 minuten gaar koken.

● Verhit de boter in een pan en roerbak het gehakt bruin en gaar. Breng het op smaak met zout en peper.

● Giet het kookvocht van de aardappelgerecht af, neem het spek uit de pan en snijd het in blokjes. Verwarm de melk met de kruidnagel en kaneel.

● Stamp de aardappelen en appels door elkaar en maak er met de gekruide melk een smeuïge stamppot van. Schep het gehakt en spek erdoor en serveer de hete bliksem direct.

Stoofpot van witte boontjes en winterwortel

voor **4** personen | bereiding: ca. 30 min | stoven: 1-1^1/2 uur

2 winterwortels

1 grote pot witte bonen (700 g), uitgelekt

50 g boter

600 g runderpoelet

2 sjalotjes, gesnipperd

3 knoflookteentjes, fijngehakt

zout en (versgemalen) peper

2 dl vleesbouillon (pot)

1 rode paprika, in repen

1 tl paprikapoeder

1 blikje tomatenpuree

● Maak de wortels schoon en snijd ze in blokjes. Spoel de bonen onder koud water af en laat ze uitlekken in een vergiet.

● Verhit de boter in een braadpan en bak het vlees rondom bruin. Voeg de sjalotten en knoflook toe en bak deze op hoog vuur even mee. Bestrooi het geheel met zout en peper. Schenk de bouillon erbij en laat het vlees op laag vuur in 1-1^1/2 uur gaar stoven.

● Roer de wortel, bonen, paprika, paprikapoeder en tomatenpuree door de stoofschotel en laat het geheel nog 20 minuten prutzelen. Voeg indien nodig nog een scheutje bouillon toe. Serveer de stoofpot op een voorverwarmde schaal.

Lekker met een frisse gemengde salade met kerstomaatjes.

Filosoof

voor 4 personen | bereiding: ca. 35 min | oven: 25 min

750 g kruimige aardappelen,
geschild en in stukken

50 g boter + boter om
in te vetten

500 g rundergehakt

1 ui, gesnipperd

2 dl runderbouillon

1 1/2 dl melk

zout en (versgemalen) peper

1/2 tl nootmuskaat

2 tl maïzena

1 tl Provençaalse kruiden

25 g paneermeel

25 g geraspte belegen kaas

15 g koude boter

● Kook de aardappelen in een bodem
water in 20 minuten gaar.

● Verhit de helft van de boter in een
hapjespan en bak het gehakt rul. Voeg de
ui toe en bak deze 5 minuten mee. Schenk
de bouillon erbij en laat het geheel
10 minuten op laag vuur pruttelen.

● Verwarm de oven voor op 200 °C.
Verwarm de melk in een steelpan. Giet de
aardappelen af en stamp ze fijn met de
rest van de boter en de melk. Breng de
puree op smaak met zout, peper en nootmuskaat.

● Leng de maïzena aan met een scheutje
water, voeg het papje al roerend aan het
gehaktmengsel toe en breng het geheel
op smaak met zout en de kruiden.

● Vet een ovenschaal in met boter. Schep
de helft van de aardappelpuree erin, dan
het gehaktmengsel en tot slot de rest van
de puree. Bestrooi het gerecht met het
paneermeel en de kaas en verdeel de
boter er in klontjes over. Bak de filosoof
in de oven in 25 minuten goudbruin en
krokant.

Zuurkoolstamppot

voor **4** personen | bereiding: ca. **1** uur

600 g zuurkool

1¹/₂ kilo kruimige aardappelen,
geschild en in stukken

zout en (versgemalen) peper

1 laurierblaadje

50 g boter

2 uien, in ringen

100 g magere spekblokjes

2 el bloem

4 verse worsten

● Breng de zuurkool met de aardappelen in een bodem water met zout aan de kook en laat ze met de laurier in 25-30 minuten gaar worden.

● Verhit de helft van de boter in een koekenpan en bak de uien op laag vuur in 15 minuten bruin en knapperig. Bak het spek in een andere, droge koekenpan bruin en knapperig.

● Strooi de bloem op een bord en wentel de worstjes erdoor. Verhit de rest van de boter in een braadpan en bak de worstjes bruin. Voeg een scheutje water toe en stoof ze in 20 minuten gaar.

● Giet de zuurkool af (bewaar het vocht), stamp zuurkool en aardappelen door elkaar en schep de uien en spekblokjes met het spekvet erdoor. Maak de stamppot eventueel smeuïger met wat kookvocht en breng hem op smaak met peper.

● Neem de worstjes uit de jus en laat de jus op hoog vuur inkoken. Serveer de zuurkoolstamppot met de worst en jus.

Boerenkoolstamppot

voor 4 personen | bereiding: ca. 35 min

1½ kg kruimige aardappelen,
geschild en in stukken

2 uien, in parten

1 laurierblaadje

600 g panklare boerenkool

zout en (versgemalen) peper

1 rookworst (350 g)

1½ dl melk

25 g boter

● Doe de aardappelen in een grote pan en voeg de uien, laurier, boerenkool en zout en peper toe. Giet er een bodem water bij en kook het geheel in ongeveer 25 minuten gaar.

● Laat de rookworst wellen volgens de aanwijzingen op de verpakking. Neem de laurier uit de pan, giet de aardappelen en groenten af en stamp het geheel fijn.

● Verwarm de melk met de boter en roer het mengsel door de boerenkoolstamppot; voeg zout en peper naar smaak toe. Snijd de worst in plakjes en leg ze op de stamppot.

Lekker met grove mosterd, jus en uitgebakken spekreepjes.

Andijviestamppot met champignons en komijnekaas

voor 4 personen | bereiding: ca. 50 min

1¹/₂ kg kruimige aardappelen, geschild en in stukken

zout en (versgemalen) peper

250 g champignons

50 g boter

200 g gerookte spekblokjes

1¹/₂ dl melk

600 g gesneden andijvie

nootmuskaat

200 g belegen komijnekaas

● Kook de aardappelen in een bodem water met zout in 20-25 minuten gaar. Borstel de champignons schoon en snijd ze in plakjes.

● Verhit de boter in een koekenpan en bak het spek uit. Bak de champignons even mee.

● Verwarm de melk in een steelpan. Giet de aardappelen af, stamp ze fijn en roer de warme melk erdoor. Schep de andijvie, spek, champignons, peper en nootmuskaat door de puree en warm de stamppot goed door.

● Snijd de kaas in kleine blokjes en schep deze door de stamppot. Serveer de stamppot direct.

Kapucijnerschotel met appelsalade

voor 4 personen | bereiding: ca. 30 min

2 potten jonge kapucijners

2 zure appels (goudrenet)

$^1/_2$ dl appelsap

50 g rozijnen

25 g boter

200 g gerookte spekblokjes

2 grote uien, gesnipperd

peper

● Laat de kapucijners uitlekken in een vergiet en spoel ze onder koud water af.

● Schil de appels, verwijder het klokhuis en snijd ze in blokjes. Meng ze in een kom met het appelsap en de rozijnen en laat dit enige tijd intrekken.

● Verhit de boter in een ruime pan en bak het spek knapperig. Bak de uien 10 minuten mee.

● Schep de kapucijners door het spek-uimengsel en laat het geheel 10 minuten doorwarmen. Breng op smaak met peper en serveer de schotel met de appelsalade.

Lekker met gebakken aardappeltjes.

Spinazieschotel met tomaat en kalfsgehakt

voor 4 personen | bereiding: ca. 10 min | oven: 25 min

4 vleestomaten	● Verwarm de oven voor op 200 °C. Maak de tomaten schoon en snijd ze in dikke plakken.
25 g boter + boter om in te vetten	
500 g kalfsgehakt	
2 rode uien, in ringen	● Verhit de boter in een grote braadpan en bak het gehakt rul en bruin. Voeg de ui, rozemarijn en tomatenpuree toe en bak deze 3 minuten mee. Schep beetje bij beetje de spinazie erdoor en bak deze snel op hoog vuur. Breng het geheel op smaak met zout en cayennepeper.
1 el fijngesneden rozemarijn	
2 el tomatenpuree	
1 kilo panklare spinazie	
zout	
cayennepeper	
aardappelpuree voor 4 personen (blz. 119)	● Vet een ovenschaal in met boter. Schep de helft van de aardappelpuree in de schaal en verdeel het spinazie-gehakt-mengsel erover. Leg hierop de plakken tomaat en dek het geheel af met de rest van de puree.
100 g verse roomkaas	
50 g wittebroodkruim	

● Verdeel de roomkaas over de puree en strooi het broodkruim erover. Bak het gerecht 25 minuten in de oven.

Romige kalfsragout met peterselierijst

voor **4** personen | bereiding: ca. **1**^{1}/$_2$ uur

400 g kalfslapjes,
op kamertemperatuur

5 dl kalfsbouillon

50 g boter

1 ui, gesnipperd

1 bouquet garni (2 takjes tijm,

2 takjes peterselie,

1 laurierblaadje)

zout en (versgemalen) peper

300 g rijst

2 el fijngesneden peterselie

40 g bloem

1^1/$_2$ dl slagroom

scheutje citroensap

snufje nootmuskaat

● Snijd het vlees in kleine stukjes.
Verwarm de bouillon in een pannetje.

● Smelt 10 gram boter in een braadpan
en fruit de ui glazig. Schep het vlees erdoor en voeg de bouillon, het bouquet en
zout en peper toe. Breng het geheel aan
de kook en stoof het vlees in 1 uur met
een deksel op de pan op laag vuur gaar.

● Kook de rijst volgens de aanwijzingen
op de verpakking en schep de peterselie
erdoor.

● Smelt 40 gram boter in een pan met
dikke bodem. Roer de bloem erdoor en
voeg het stoofvocht van het vlees toe;
roer tot een mooi gebonden saus.
Schep daar het vlees door en voeg de
room toe. Laat de ragout 10 minuten
zachtjes pruttelen en breng hem op
smaak met citroensap, zout, peper en
nootmuskaat.

● Vet een timbaaltje (of kopje) in met
olie. Schep de rijst erin en druk deze goed
aan. Keer het vormpje op een warme
schaal. Schep de kalfsragout ernaast en
serveer direct.

Hoofdgerechten

Gebakken kaasplak met pittige appelcompote

voor **4** personen | bereiding: ca. 30 min

3 stevige appels	● Schil de appels, verwijder de klokhuizen
1/2 dl appelsap	en snijd ze in stukjes. Kook in een pan het
2 lente-uitjes, in dunne ringetjes	appelsap met de stukjes appel 5 minuten;
2 el gemberjam	laat het vocht verdampen. Schep de
2 tl sambal badjak	lente-ui, jam en sambal door de appel.
zout en (versgemalen) peper	Voeg zout en peper naar smaak toe.
300 g jong belegen kaas	Zet de compote tot verder gebruik in de
(plat stuk)	koelkast.
2 eieren, losgeklopt	
100 g paneermeel	● Snijd de kaas in 4 plakken van ca. 2 cm
50 g boter	dik. Doe het losgeklopte ei in een diep

bord en het paneermeel op een plat bord.
Wentel de plakken kaas eerst door het ei
en dan door het paneermeel. Herhaal dit
en druk de panade goed aan.

● Verhit de boter in een koekenpan en
bak de kaasplakken op hoog vuur in ca.
4 minuten mooi bruin; keer ze halverwege. Ze mogen nog net niet gaan uit-
lopen.

● Leg de kaasplakken op vier borden en
schep de appelcompote ernaast.

Lekker met gekookte krielaardappeltjes en
een salade van veldsla.

Gestoofde kabeljauw met tomaat, citroen en peterselie

voor 4 personen | bereiding: ca. 20 min

600 g dikke kabeljauwfilet
zout en (versgemalen) peper
1 citroen
75 g boter
3 lente-uitjes, in dunne ringetjes
of 150 g gesneden prei
1 bosje peterselie, fijngesneden
2 tomaten, ontveld, vocht en
zaaad verwijderd en in blokjes

● Dep de kabeljauwfilets droog met keukenpapier, snijd ze in vier gelijke stukken en wrijf ze in met zout en peper. Snijd 4 mooie plakjes van de citroen en pers de rest uit.

● Smelt 50 gram boter in een hapjespan en leg de kabeljauwfilets erin. Verdeel de lente-ui of prei en peterselie erover. Sprenkel hier het citroensap over en leg op elk stuk vis een plakje citroen en wat blokjes tomaat. Bestrooi het geheel met zout en peper en verdeel de rest van de boter er in klontjes over.

● Stoof de kabeljauw met het deksel op de pan in 8 minuten op laag vuur gaar.

● Leg de kabeljauw met de kruiden en citroen op vier warme borden. Kook het stoofvocht op hoog vuur 2 minuten in en schep de jus over de vis.

Lekker met peultjes en krielaardappeltjes in de schil.

Gestoofde mosselen met kruidensaus

voor 2 personen | bereiding: ca. 25 min

2 kg mosselen
50 g boter
2 wortelen, in plakjes
200 g gesneden prei
1 knoflookteentje, in plakjes
2 takjes tijm
1 takje peterselie
voor de kruidensaus:
$1/2$ el maïzena
125 ml crème fraîche
$1/2$ bosje bieslook, fijngesneden
$1/2$ bosje kervel, fijngesneden
$1/2$ bosje peterselie, fijngesneden
(versgemalen) peper

● Spoel de mosselen schoon onder stromend water. Verwijder kapotte schelpen en schelpen die 1 minuut na een flinke tik niet dicht zijn gegaan.

● Smelt de boter in een mosselpan. Leg de mosselen erop en strooi de wortel, prei en knoflook erover. Voeg de tijm en peterselie toe en breng het geheel op hoog vuur aan de kook. Kook de mosselen ca. 8 minuten of tot alle schelpen openstaan (schud ze tijdens het koken 3 keer om). Verwijder schelpen die dicht zijn gebleven.

● Schep de mosselen en de groenten in een grote verwarmde schaal en houd ze warm. Kook 2 dl van het kookvocht in de mosselpan in tot er een derde over is. Meng de maïzena met de crème fraîche en roer het papje door het mosselvocht tot een mooie gebonden saus. Laat die 2 minuten zachtjes pruttelen en roer de kruiden erdoor. Voeg peper naar smaak toe.

● Schep de kruidensaus over de mosselen of geef hem er apart bij.

Gebakken schol met amandelen en sinaasappeljus

voor **2** personen | bereiding: ca. 20 min

50 g bloem	● Strooi de bloem op een bord. Dep de vis droog met keukenpapier. Wrijf de schollen in met zout, peper en paprikapoeder en wentel ze door de bloem.
2 schollen	
zout en (versgemalen) peper	
1 tl paprikapoeder	
50 g boter	
1 sinaasappel, uitgeperst	● Verhit de boter in een grote koekenpan en bak de schollen op matig vuur in 8-10 minuten mooi bruin en gaar. Keer ze halverwege.
3/4 dl medium dry sherry	
50 g geschaafde amandelen	
1 el fijngesneden bieslook	

● Strooi de bloem op een bord. Dep de vis droog met keukenpapier. Wrijf de schollen in met zout, peper en paprikapoeder en wentel ze door de bloem.

● Verhit de boter in een grote koekenpan en bak de schollen op matig vuur in 8-10 minuten mooi bruin en gaar. Keer ze halverwege.

● Leg de schollen op 2 warme borden en houd ze warm onder aluminiumfolie. Roer het sinaasappelsap en de sherry door het bakvet en kook de jus 2 minuten in.

● Rooster de amandelen in een droge koekenpan en strooi ze met het bieslook over de vis. Geef de jus er apart bij.

Lekker met (saffraan)rijst en doperwtjes.

Romig vispotje met broccoli uit de oven

voor 4 personen | bereiding: ca. 25 min | oven: 25 min

350 g broccoliroosjes

zout en (versgemalen) peper

25 g boter

1 grote rode ui, in dunne partjes

1 gele paprika, in stukken

300 g kabeljauwfilet

300 g zalmfilet

sap en rasp van 1 citroen

100 g verse roomkaas

1 dl slagroom

$^1/_2$ el verse tijmblaadjes

mespunt nootmuskaat

100 g gekookte mosselen

100 g gekookte, gepelde
(Hollandse) garnalen

50 g geraspte oude kaas

● Verwarm de oven voor op 200 °C.

● Blancheer de broccoli 3 minuten in ruim kokend water met zout. Laat de roosjes uitlekken in een vergiet.

● Smelt de boter in een pan en fruit de ui en paprika 5 minuten op laag vuur. Snijd de vissoorten in stukken van 3 x 3 cm en besprenkel deze met het citroensap.

● Meng in een grote kom de roomkaas, room, tijm, zout, peper, citroenrasp en nootmuskaat door elkaar. Schep de broccoli, kabeljauw, zalm, mosselen, garnalen en het ui-paprikamengsel erdoor en vul hiermee een ondiepe ovenschaal. Strooi de kaas erover en bak de visschotel in de oven in 25 minuten goudbruin en gaar.

Lekker met aardappelpuree en een salade van wortel en kervel.

Gevulde runderrolletjes met karnemelkjus

voor 4 personen | bereiding: ca. 20 min | stoven: 30-40 min

scheutje melk	● Schenk wat melk in een diep bord en week het brood daarin. Meng het gehakt met het brood en voeg zout, peper en nootmuskaat naar smaak toe.
1 sneetje oud brood zonder korst	
200 g half-om-half gehakt	
zout en (versgemalen) peper	
nootmuskaat	
4 platgeslagen bieflapjes, van	● Spreid de bieflapjes uit en verdeel het gehaktmengsel erover. Leg een plakje spek en een augurkje op het gehakt en rol de vleeslapjes op. Zet de rolletjes vast met een cocktailprikker.
100 g (of rosbief à la minute)	
4 plakjes ontbijtspek	
4 dunne augurkjes	
½ dl runderbouillon	● Verwarm de bouillon in een pannetje. Verhit de boter in een ruime braadpan en schroei de rolletjes op hoog vuur rondom dicht. Bestrooi ze met zout en peper. Voeg de bouillon toe en laat het vlees op laag vuur in 30-40 minuten gaar stoven.
25 g boter	
1 dl karnemelk	

● Neem de runderrolletjes uit de pan en verwijder de prikkers. Roer de karnemelk door de jus en serveer de saus apart bij het vlees.

Lekker met aardappelpuree, sperzieboon-tjes en een komkommersalade.

Kip uit de oven met een pikant korstje

voor 4 personen | bereiding: ca. 30 min | oven: 1-1¹/₄ uur

1 citroen
1 scharrelkip van ca. 1200 g, op kamertemperatuur
zout en (versgemalen) peper
4 takjes verse tijm
50 g boter
chilipoeder
1 el kerriepoeder
1 dl witte wijn

● Verwarm de oven voor op 200 °C. Snijd de helft van de citroen in plakjes en pers de andere helft uit. Dep de kip droog met keukenpapier en bestrooi de binnenkant met zout en peper. Vul de buikholte met de citroenplakjes en tijm en de helft van de boter. Steek de holte dicht met een paar cocktailprikkers.

● Smelt de rest van de boter in een steelpan en roer er chilipoeder, kerrie en zout en peper naar smaak door. Bestrijk de kip rondom met de chiliboter, bind de poten op en leg hem (op een rooster) in een braadslee.

● Braad de kip in het midden van de oven in 1-1¹/₄ uur goudbruin en gaar. Schep er regelmatig braadvocht over (dek het vlees af met aluminiumfolie als het te bruin wordt). Laat de kip uit de oven 5 minuten rusten.

● Zet de braadslee op het vuur en roer het citroensap en de wijn door het braadvocht. Laat het geheel iets inkoken tot een lichtgebonden jus.

Lekker met broccoli en gebakken aardappeltjes.

Draadjesvlees met cranberrycompote

voor 4 personen | bereiding: ca. 30 min | stoven: 2^1/$_2$-3 uur

750 g runderlappen

2^1/$_2$ dl runderbouillon

100 g boter

zout en (versgemalen) peper

3 uien, 1 gesnipperd en 2 in dunne ringen

2 laurierblaadjes

2 kruidnagels

1 tl jeneverbessen

2 takjes rozemarijn

2 el azijn

450 g cranberry's

2 dl sinaasappelsap

50 g suiker

● Dep de runderlappen droog met keukenpapier. Verwarm de bouillon in een pannetje.

● Verhit de helft van de boter in een braadpan en bak het vlees aan beide zijden bruin. Bestrooi het met zout en peper en voeg de gesnipperde ui toe. Bak deze 2 minuten mee. Schenk de bouillon bij het vlees. Voeg de kruiden en azijn toe en breng het geheel aan de kook. Laat het vlees afgedekt op heel laag vuur in 2^1/$_2$-3 uur gaar stoven.

● Breng de cranberry's met het sinaasappelsap en de suiker aan de kook. Blijf roeren tot de bessen openknappen. Neem de pan van het vuur en laat de compote goed afkoelen.

● Verhit de rest van de boter in een pan en bak de uiringen in 3 minuten glazig.

● Verwijder de laurier en kruidnagel en serveer het draadjesvlees met de ui en cranberrycompote.

Gestoofd konijn met mosterdroom

voor 4 personen | bereiding: ca. 20 min | stoven: 1 uur

4 tamme-konijnenbouten
60 g boter
zout en (versgemalen) peper
2 el fijne mosterd
2 el grove mosterd
1¹/₂ el fijngesneden tijm
4 dl witte wijn
1¹/₂ dl slagroom

• Dep de konijnenbouten droog met keukenpapier. Verhit de boter in een ruime braadpan en bak de bouten op hoog vuur rondom bruin. Neem ze uit de pan, bestrooi ze met zout en peper en bestrijk ze met een kwastje rondom met de fijne mosterd.

• Roer de grove mosterd, tijm en wijn door het bakvet en breng alles aan de kook. Leg de bouten terug in de pan en laat ze met het deksel op de pan in 1 uur zachtjes gaar stoven. Keer de bouten regelmatig.

• Neem de konijnenbouten uit de pan en houd ze warm onder aluminiumfolie. Schenk de room in de pan en laat de saus op hoog vuur een beetje inkoken. Breng hem op smaak met zout en peper.

• Leg de konijnenbouten op een voorverwarmde schaal, schenk er wat saus over en geef de rest erbij.

Lekker met gestoofde savooiekool en rijst.

Hazenpeper

voor 4 personen | bereiding: ca. 20 min | wachten: 8 uur | stoven: 2 uur

1 rode Spaanse peper,
in fijne reepjes
1 ui, in parten
3 à 4 kruidnagels
2 el fijngesneden tijm
zout en (versgemalen) peper
1 el rode-wijnazijn
5 dl rode wijn
1 haas (in stukken,
vraag de poelier dit te doen)
75 g boter
100 g gerookte spekblokjes
3 el bloem
1 blikje tomatenpuree
2 dikke plakken ontbijtkoek,
in blokjes

● Meng de peperreepjes, ui, kruidnagels, tijm, peper en 1 theelepel zout in een grote kom. Schenk de azijn en wijn erbij en leg de stukken haas in de marinade. Dek de schaal af met plasticfolie en zet hem minstens 8 uur in de koelkast. Neem dan het vlees uit de marinade, dep het droog en zeef de marinade.

● Verhit de boter in een ruime braadpan en bak de stukken haas in porties op hoog vuur bruin. Neem ze uit de pan.

● Bak het spek 3 minuten in het bakvet. Roer de bloem en tomatenpuree erdoor en laat de roux op laag vuur enkele minuten pruttelen. Schenk er dan al roerend scheutje voor scheutje de marinade bij. Breng het geheel aan de kook en roer het tot een glad gebonden saus.

● Schep de ontbijtkoek door de saus en leg de stukken haas erin. Laat het geheel afgedekt op laag vuur in 2 uur gaar stoven.

● Schep het vlees in een voorverwarmde schaal en geef de saus er apart bij.

Lekker met spruitjes en aardappelsoesjes.

Kruidige hachee

voor 4 personen | bereiding: 10 min | stoven: $2^{1}/_{2}$-3 uur

50 g boter	● Verhit de boter in een braadpan en bak het vlees op hoog vuur rondom bruin. Bestrooi het vlees met zout en peper, voeg de uien toe en bak deze enkele minuten mee. Strooi de bloem erover, schep alles goed door elkaar en laat de bloem bruin kleuren.
750 g runderlappen, in blokjes	
zout en (versgemalen) peper	
500 g uien, in ringen	
1 el bloem	
5 dl runderbouillon	
2 laurierblaadjes	
2 à 3 kruidnagels	
2 el azijn	
125 ml crème fraîche	

50 g boter

750 g runderlappen, in blokjes

zout en (versgemalen) peper

500 g uien, in ringen

1 el bloem

5 dl runderbouillon

2 laurierblaadjes

2 à 3 kruidnagels

2 el azijn

125 ml crème fraîche

● Verhit de boter in een braadpan en bak het vlees op hoog vuur rondom bruin. Bestrooi het vlees met zout en peper, voeg de uien toe en bak deze enkele minuten mee. Strooi de bloem erover, schep alles goed door elkaar en laat de bloem bruin kleuren.

● Verwarm de bouillon en giet deze met de laurier, kruidnagels en azijn bij het vlees. Laat het geheel met het deksel op de pan in $2^{1}/_{2}$-3 uur gaar stoven.

● Verwijder de laurier en kruidnagels en roer de crème fraîche door de hachee.

Lekker met gekookte aardappelen en rodekool (blz. 121).

Gestoofde kip met tuttifrutti

voor 4 personen | bereiding: ca. 30 min | wachten: 8 uur | stoven: 40-45 min

250 g tuttifrutti
(gedroogde vruchten)
1 kaneelstokje
3 el bloem
4 kippenbouten
zout en (versgemalen) peper
30 g boter
1 ui, gesnipperd
100 g ontbijtspek,
in dunne reepjes
¹/₄ liter kruidenbouillon
1 laurierblaadje
1 el verse of 1 tl gedroogde tijm
250 g champignons
rasp van 1 citroen
1 zakje vanillesuiker

● Laat de tuttifrutti met het kaneelstokje 8 uur in ruim water wellen.

● Strooi de bloem op een bord. Bestrooi de kippenbouten met zout en peper en wentel ze door de bloem.

● Verhit de boter in een ruime braadpan en bak de kip snel op hoog vuur bruin. Schep de bouten uit de pan. Bak de ui en het spek 3 minuten in het bakvet. Voeg de bouillon, laurier en tijm toe en leg de kip terug in de pan. Laat de kip met het deksel op de pan in 40-45 minuten zachtjes gaar stoven. Draai de kippenbouten af en toe om.

● Borstel de champignons schoon, snijd ze in plakjes en stoof ze de laatste 10 minuten met de kip mee.

● Laat de vruchten met het weekvocht, de citroenrasp en vanillesuiker in een kleine pan 20 minuten zachtjes koken.

● Serveer de kip op borden en geef de tuttifrutti er apart bij.

Groenten en bijgerechten

Gebakken kruidenaardappeltjes met knoflookcrème

voor 4 personen | bereiding: ca. 25 min

1 kg vastkokende aardappelen
40 g boter
2 sjalotjes, gesnipperd
1 el fijngesneden tijm
3 knoflookteentjes, gepeld
1 1/2 dl crème fraîche
1/2 dl yoghurt
zout en (versgemalen) peper
mespunt paprikapoeder
1 el fijngesneden peterselie
1 el fijngesneden bieslook

● Boen de aardappelen schoon en snijd ze in partjes. Kook ze 7 minuten in zoveel water dat ze net onderstaan. Giet ze af en laat ze uitlekken in een vergiet.

● Verhit de boter in een ruime pan en laat hem bruin worden. Bak de aardappelpartjes, sjalotten en tijm op hoog vuur in ca. 8 minuten goudbruin en gaar.

● Pers de knoflook uit boven een kommetje. Roer de crème fraîche en yoghurt erdoor en breng het sausje flink op smaak met zout, peper en paprikapoeder.

● Schep de peterselie en het bieslook door de aardappelen en breng het gerecht op smaak met zout en peper. Serveer de aardappelpartjes met de knoflookcrème.

Lekker bij gestoofde kabeljauw.

Rodekoolsalade

voor 4 personen | bereiding: ca. 10 min | wachten: 2 uur

400 g gesneden rodekool

1 ui, gesnipperd

5 el zonnebloemolie

2 el mayonaise

1 tl mosterd

1 tl karwijzaad (kummel)

2 el citroensap

25 g gepelde walnoten

● Schep in een grote schaal de rodekool en ui door elkaar.

● Meng in een kommetje de olie, mayonaise, mosterd, het karwijzaad en citroensap en schep de dressing door de rodekool. Laat de smaken minimaal 2 uur intrekken.

● Garneer de koolsalade met de walnoten.

Ouderwetse aardappelpuree

voor **4** personen | bereiding: ca. **35** min

1 kg kruimige aardappelen,
geschild en in stukken
zout en (versgemalen) peper
2 dl melk
50-75 g boter
peterselie, fijngesneden
(eventueel)
nootmuskaat

● Kook de aardappelen in 25 minuten in een laagje (ca. 3 cm) water met zout gaar.

● Verwarm de melk met de boter in een steelpan. Giet de aardappelen af en laat ze droog stomen. Stamp ze fijn met een pureestamper of druk ze door een pureeknijper. Schep de melk met boter erdoor en roer het mengsel tot een smeuïge puree.

● Schep eventueel de peterselie door de puree en breng hem op smaak met zout, peper en nootmuskaat.

Gestoofde rodekool met kaneel en rozijnen

voor 4 personen | bereiding: ca. 45 min

2 appels	● Schil de appels, verwijder de klokhuizen en snijd ze in kleine blokjes.
50 g boter	
1 ui, gesnipperd	
800 g rodekool, fijngesneden	● Smelt de helft van de boter in een ruime braadpan en fruit de ui en appel 4 minuten. Schep de rodekool erdoor en schenk het sinaasappelsap erbij. Voeg de suiker, kaneel, kruidnagels, laurier en rozijnen toe en laat de rodekool met het deksel op de pan op laag vuur in 30 minuten gaar stoven. Schep de rodekool tijdens het stoven een paar keer om.
1¹/₂ dl sinaasappelsap	
2 el bruine basterdsuiker	
1 el kaneel	
2 kruidnagels	
2 laurierblaadjes	
100 g rozijnen	

● Verwijder de kruidnagels en laurier en roer de rest van de boter door de rodekool. Serveer het gerecht in een grote voorverwarmde schaal.

Lekker bij hachee (blz. 109).

Toetjes

Appeltjes onder de deken

voor 4 personen | bereiding: ca. 20 min | oven: 30 min

4 kleine appels (cox orange)
50 g rozijnen
80 g suiker
1 tl kaneel
25 g boter + boter om
in te vetten
40 g custardpoeder
8 dl volle melk

● Verwarm de oven voor op 175 °C.

● Schil de appels en verwijder met een appelboor de klokhuizen. Meng in een kom de rozijnen met 2 eetlepels suiker en de kaneel. Vet een laag ovenschaaltje in met boter. Zet de appels in het schaaltje en vul ze met het rozijnenmengsel. Leg een klontje boter op elke appel en bak ze in de oven in 30 minuten gaar.

● Roer in een kommetje de custard met de rest van de suiker en 1 dl melk tot een glad papje.

● Breng in een pan de rest van de melk aan de kook en voeg al roerende het custardpapje toe. Blijf roeren tot er een gladde, dikke vla ontstaat.

● Neem de appels uit de oven en schenk de custardvla erover. Serveer de schotel warm.

Zoete stoofpeertjes

voor 4 personen | bereiding: ca. 15 min | stoven: 2^1/$_2$ uur

1 kg kleine stoofpeertjes
(gieser wildeman)
3 kruidnagels
1 stukje citroenschil
2 kaneelstokjes
50 g basterdsuiker
2 dl rode wijn
1 dl bessenlikeur
1 el aardappelmeel
takjes munt

● Schil de peertjes met een dunschiller, maar laat de steeltjes zitten.

● Steek de kruidnagels in de citroenschil. Doe de peertjes met de citroenschil, kaneelstokjes en suiker in een ruime pan en giet de wijn en likeur erbij. Giet er water bij totdat de peertjes net onderstaan. Breng het geheel aan de kook en laat de peertjes met een deksel op de pan in 2^1/$_2$ uur gaar stoven.

● Verwijder de citroenschil en kaneelstokjes. Schep de peertjes voorzichtig op een mooie schaal.

● Roer in een kopje het aardappelmeel los met een beetje perenvocht en giet dit al roerend terug in de pan. Laat het vocht even inkoken tot een mooie saus en giet deze over de stoofpeertjes. Serveer ze warm of koud. Garneer elk peertje met een takje munt.

Lekker met kaneelijs en lobbig geklopte slagroom.

Rijstebrij met bruine suiker

voor 4 personen | bereiding: ca. 1 uur

1 vanillestokje
1 liter volle melk
150 g paprijst
4 el bruine basterdsuiker
40 g boter
kaneel

● Snijd het vanillestokje in de lengte open. Breng in een pan met dikke bodem de melk met het vanillestokje aan de kook. Roer de rijst erdoor en breng het geheel al roerende opnieuw aan de kook. Kook de rijst in 50 minuten op laag vuur gaar; roer regelmatig.

● Neem het vanillestokje uit de rijst, schraap de zwarte zaadjes eruit en roer ze door de rijstebrij.

● Schep de warme rijstebrij in vier schaaltjes en strooi de suiker erover. Leg er een klontje boter op en bestrooi het gerecht met kaneel.

Lekker met abrikozencompote.

Griesmeelpudding met bessensap

voor 4-6 personen | bereiding: ca. 30 min | wachten: 1-2 uur

8 dl volle melk	● Breng in een pan met dikke bodem de melk met de helft van de citroenschil tegen de kook aan en laat het 10 minuten zachtjes trekken.
dunne schil van 1 citroen	
80 g griesmeel	
125 g suiker	
1/4 liter bessensap	
1 kaneelstokje	
1 el aardappelmeel	

● Breng in een pan met dikke bodem de melk met de helft van de citroenschil tegen de kook aan en laat het 10 minuten zachtjes trekken.

● Meng in een kommetje het griesmeel met de helft van de suiker. Neem de citroenschil uit de melk en voeg al roerende het griesmeel toe tot de pap bindt; laat hem nog 8 minuten op laag vuur koken. Spoel een puddingvorm (1 liter) om met water, schenk de griesmeelpap erin, laat hem afkoelen en daarna in de koelkast in 1-2 uur opstijven.

● Breng in een pan het bessensap met 1 dl water, het kaneelstokje en de rest van de citroenschil aan de kook. Laat het sap 10 minuten op laag vuur trekken. Verwijder het kaneelstokje en de citroenschil en los de rest van de suiker op in het bessensap. Roer in een kopje het aardappelmeel met 1 eetlepel koud water tot een glad papje en voeg dit al roerende aan het sap toe. Blijf roeren tot een glad gebonden saus en laat die afkoelen.

Stort de griesmeelpudding op een schaal en schenk er een beetje bessensapsaus over. Geef de rest van de saus er apart bij.

Schoenlapperstaart

voor 6-8 personen | bereiding: ca. 30 min | oven: 50-60 min

1 kg moesappels
1 rol beschuit
3 eieren
50 g boter + boter om
in te vetten
100 g suiker
2 tl kaneel
1 tl gemberpoeder
snufje gemalen kruidnagel
125 g rozijnen
poedersuiker

● Verwarm de oven voor op 175 °C. Schil de appels, verwijder de klokhuizen en snijd ze in stukjes. Kook die in een pan met een bodem water tot een stevige moes. Verkruimel de beschuiten.

● Splits de eieren boven twee kommen. Klop de eiwitten stijf. Vet een lage taartvorm (24 cm) in met boter.

● Roer achtereenvolgens de beschuiten, boter, suiker, kaneel, gember, kruidnagel, rozijnen en eidooiers door de appelmoes. Spatel de eiwitten er luchtig door en schep het mengsel direct in de taartvorm. Strijk de bovenkant glad.

● Bak de schoenlapperstaart in het midden van de oven in 50-60 minuten goudbruin en gaar. Laat de taart afkoelen en bestrooi de bovenkant royaal met poedersuiker.

Lekker met vanillevla, lobbig geklopte slagroom of roomijs.

Karnemelkpudding

voor **4** personen | bereiding: ca. **25 min** | wachten: **3-4 uur**

2 citroenen
12 blaadjes witte gelatine
125 g suiker
$^1/_2$ liter karnemelk
$^1/_2$ el zonnebloemolie
125 ml slagroom
2 zakjes vanillesuiker
250 g aardbeien, gehalveerd

● Boen 1 citroen schoon en snijd er een stukje schil van ca. 5 cm af. Pers de citroenen uit. Week de gelatine in een bak met ruim koud water.

● Breng in een pan 1 dl water met de citroenschil aan de kook en laat het 10 minuten op laag vuur trekken. Neem de pan van het vuur en verwijder de citroenschil. Knijp de gelatine uit en roer die door het warme vocht. Los de suiker erin op en roer het citroensap erdoor. Voeg al roerende de karnemelk toe en laat het mengsel afkoelen tot het geleiachtig wordt.

● Vet een puddingvorm (1 liter, geen aluminium) dun in met de olie en schenk het karnemelkmengsel erin. Laat de pudding in de koelkast in 3-4 uur stevig worden.

● Klop de slagroom met de vanillesuiker stijf.

● Maak de bovenkant van de pudding voorzichtig van de vorm los. Leg een platte schaal op de vorm. Keer ze samen en laat de pudding op de schaal glijden.

Garneer de pudding met de aardbeien en geef de vanilleroom apart erbij.

Hangop met pruimen

voor 4 personen | bereiding: ca. 30 min | wachten: 3-4 uur

2 liter volle yoghurt

sap en rasp van 1 sinaasappel

1/4 liter rode wijn of thee

250 g pruneaux (gewelde gedroogde pruimen zonder pit)

2 zakjes vanillesuiker

1/2 tl koekkruiden

● Zet een vergiet in een kom. Maak een stuk kaasdoek of een schone theedoek nat en wring hem goed uit. Leg de doek in de vergiet en schenk de yoghurt erin. Laat de yoghurt 3-4 uur uitlekken tot er een dikke, romige massa ontstaat.

● Breng in een pan het sinaasappelsap met de -rasp, wijn of thee, pruimen, vanillesuiker en koekkruiden aan de kook. Laat het mengsel 15-20 minuten op laag vuur koken tot het vocht bijna verdampt is en de pruimen omhuld zijn met een stroperige saus. Laat de pruimen in het vocht afkoelen.

● Schep de hangop in vier schaaltjes en verdeel de pruimen met de saus erover.

Rabarber met schuimkop uit de oven

voor 4 personen | bereiding: ca. 15 min | oven: 20-30 min

500 g rode rabarber, in stukjes
3/4 dl rood druivensap
1 el custardpoeder
suiker
2 eiwitten
120 g poedersuiker
1/2 tl maïzena
1/2 tl azijn

● Verwarm de oven voor op 175 °C. Breng de rabarber met het druivensap in een ruime pan aan de kook. Kook de groente in 5-6 minuten gaar en laat het vocht verdampen.

● Neem de pan van het vuur en roer er de custard en suiker naar smaak door. Schep de rabarber in een lage ovenschaal.

● Klop de eiwitten stijf in een kom. Voeg een deel van de poedersuiker met de maïzena en azijn toe en klop het geheel tot een stevige, taaie massa; voeg steeds een beetje poedersuiker toe. Blijf kloppen tot de massa mooi gaat glanzen.

● Strijk het eiwit met pieken uit over de rabarber. Schuif de schaal in de oven en laat het eiwit in 20-30 minuten lichtbruin kleuren. Serveer de rabarberschotel direct.

Register

Holland is een uitgave van Inmerc bv te Wormer en verscheen eerder onder de
titel **Koken op z'n Hollands**

Eerste druk, mei 2006
© 2006 Inmerc bv

Receptuur: Clara ten Houte de Lange, Ingmar Niezen, Chantel Veer
Fotografie: De Studio, Utrecht
Culinaire realisatie: Rens de Jonge Food & Styling
Concept, art direction en productie: Inmerc bv

ISBN 90 6611 523 8
NUR 440

Lekker voor jezelf, leuk als cadeau!

Te koop in boekhandel en warenhuis

kookook
Holland

kookook
Indonesië

kookook
Marokko

kookook
Tapas

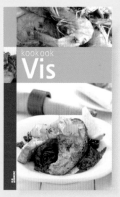

kookook
Vis

kookook
Wok